ORIANA SIMONETTI

LA VENDITA WIN-WIN

Come Incrementare le Tue Abilità
di Venditore nel Rispetto del Cliente e
delle Sue Esigenze

Titolo
"LA VENDITA WIN-WIN"

Autore
Oriana Simonetti

Editore
Bruno Editore

Sito internet
http://www.brunoeditore.it

Sommario

Introduzione

Ci sono moltissimi venditori al mondo, ma indiscutibilmente alcuni sono più bravi di altri. Addirittura ci sono persone che riuscirebbero a vendere qualsiasi oggetto capiti loro tra le mani.

Ho scritto questo corso con lo scopo di insegnarti tutto ciò che ho scoperto esaminando venditori eccellenti, leggendo, partecipando a corsi di formazione e applicando immediatamente tutto ciò che imparavo, per scoprire ciò che davvero funzionava e ciò che invece non produceva risultati. Sono arrivata alla conclusione che *chiunque può diventare un venditore eccezionale*. Non si tratta di abilità che si possiedono sin dalla nascita, ma di qualcosa che si può imparare con il giusto atteggiamento.

Tante volte è facile considerare il successo degli altri come semplice fortuna, ma è quando prendi le redini della tua vita che ti accorgi che ciò che ottieni nella tua esistenza dipende in gran parte da te.

Ora, mano a mano che andrai avanti con la lettura, scoprirai i migliori strumenti e come applicarli alla realtà per ottenere cambiamenti visibili. Puoi usare ciò che scoprirai in questo manuale per la vendita di qualsiasi tipo di prodotto o servizio. Forse riconoscerai qualche concetto se hai già letto *Inverti la Rotta* o *Voglio Essere Milionario!*, per il semplice fatto che sono entrambe un condensato di strategie efficaci.

Ci concentreremo al 100% sulla pratica. Perciò è molto importante che applichi immediatamente con costanza e determinazione ciò che leggi. Leggere e basta migliorerà solo la tua formazione, quando invece inizierai ad applicare nella realtà le strategie descritte, i risultati inizieranno a vedersi. Spesso saranno addirittura sorprendenti.

Buona lettura!

CAPITOLO 1:
Le basi dell'ottimo venditore

Il cammino per diventare un ottimo venditore inizia da tre punti principali che sono le fondamenta che rendono "solido e stabile" il buon venditore. Questi sono: l'**atteggiamento**, la **presentazione** del prodotto e la **reputazione**. Come puoi vedere, rispecchiano il prima, il durante e il dopo vendita.

In genere ci si concentra solo su uno dei punti principali e si trascurano gli altri. Così vedi venditori con un atteggiamento incredibile, ma che poi si perdono nella presentazione. Oppure persone che espongono il prodotto in un modo talmente attraente da riuscire a vendere tutto ciò che hanno in mano e che però hanno una pessima reputazione. O ancora, che hanno una buona reputazione ma che poi non hanno il giusto atteggiamento. Il tuo obiettivo invece, deve essere quello di diventare una vera e propria eccellenza come negoziatore, *migliorando su tutti e tre i punti principali*.

Il primo punto è l'**atteggiamento**, che distingue il venditore che si arrende subito da colui che invece *è motivato ad andare avanti* nonostante il rifiuto di alcuni clienti. Infatti, molti venditori alle prime armi credono che il lavoro sia facile e sono convinti che, non appena andranno da un possibile acquirente, riusciranno subito a fare una vendita.

Poi, però, quando scendono "in campo", provano sulla propria pelle la sensazione di sentirsi rispondere di no. Perché *è naturale che a volte si ricevano dei "no"* come risposta. A quel punto, chi non è determinato può perdere la voglia di andare avanti, mentre chi ha il giusto atteggiamento sa che i "no" fanno parte del gioco. Quindi non si scoraggia e non si arrende al primo ostacolo, ma va avanti e prosegue veloce come un treno. Questo è l'atteggiamento del venditore vincente.

Potresti pensare che essere determinati sia una dote che ognuno ha dalla nascita e che quindi non si può imparare. Sbagliato! Puoi diventare incredibilmente determinato anche se per tutta la vita non lo sei stato! Oppure, se già hai una buona grinta, puoi sempre migliorarla.

Innanzitutto devi avere chiaro ciò che vuoi ottenere dalla tua carriera. Sembra banale, ma non lo è affatto. Spesso i negoziatori non hanno ben chiaro a cosa aspirano, si limitano solo a fare il proprio mestiere e basta. Quando invece hai un sogno che ti motiva a dare tutto te stesso in ciò che fai, che ti fa svegliare al mattino pronto ad affrontare la giornata, allora il tuo atteggiamento sarà ben diverso. Pertanto, *poniti un buon obiettivo* che faccia comprendere alla tua mente dove sei diretto.

Cosa vuoi ottenere dalla vendita?

....

....

....

Quanto vuoi arrivare a guadagnare facendo questo mestiere?

....

Quanto tempo credi che ti occorra?

....

Bene, se hai dato una risposta, non ti resta che scrivere il tuo obiettivo. Scrivilo *come se si fosse già realizzato*, poiché questo aiuta la tua mente a creare l'immagine di te che hai già raggiunto l'obiettivo. In secondo luogo, un obiettivo deve essere posto *in modo positivo.* Evita di dire: «Non voglio questo» o «Non voglio quest'altro», piuttosto esprimi ciò che desideri.

Infine, *rendilo ben quantificabile.* Ad esempio: «Ho tanti clienti» diventa: «Ho 200 clienti». Oppure sostituisci: «Guadagno molto» con: «Guadagno 4.000 euro al mese». In sintesi, un buon obiettivo è: «Guadagno 4.000 euro al mese, ho 100 nuovi amici e 200 clienti che comprano sempre volentieri da me entro il 10 maggio 2015».

Come avrai notato, c'è anche una scadenza, che non deve essere né troppo vicina né troppo lontana. La cosa migliore è che la *scadenza ti crei un po' di sensazione di urgenza*, senza però esagerare, perché se ti dai troppo poco tempo per raggiungere un grande obiettivo, inconsciamente crederai che sia impossibile da raggiungere.

Una volta scritto il tuo obiettivo su ciò che vuoi ricavare dall'essere un venditore in termini di guadagno e di tutto il resto, devi decidere un minimo di vendite da fare ogni giorno. Quando ho iniziato a fare la venditrice, mi sono data *un minimo di contratti al giorno e finché non riuscivo a farli firmare non tornavo a casa.* Non esisteva una seconda scelta per me, o concludevo il mio obiettivo quotidiano o non tornavo. Quindi non era contemplato che non riuscissi, dovevo raggiungere per forza quel minimo di vendite, e il prima possibile.

Ancora oggi utilizzo questa regola, ed è per questo che te la consiglio, perché so che è davvero utile ed efficace. Credo che sia una delle più importanti, perché avere un limite minimo giornaliero e darsi come unica opportunità quella di riuscire, *aiuta a focalizzare gli sforzi nel modo migliore.*

Qualche anno dopo ho aggiunto una nuova regola, quella di pormi un grande obiettivo giornaliero. Ovvero, mi impegno per vendere un numero molto alto e mi accontento solo se ho raggiunto almeno quel minimo che mi ero prefissata. Per dirlo in modo metaforico, punto a raggiungere il Sole e mi accontento solo se arrivo almeno alla Luna.

Ora tocca a te, secondo la tua esperienza, quante vendite puoi riuscire a fare in un giorno? Naturalmente non devi esagerare.

Il mio consiglio è di avere come obiettivo un numero alto di vendite e un limite minimo abbastanza raggiungibile. Ad esempio, punta a vendere 6 prodotti al giorno e non tornare a casa senza averne venduti almeno 3.

Quindi, a quante vendite punti al giorno?

....

Qual è invece il numero minimo di vendite che devi fare prima di tornare a casa?

....

Rispetta le regole che ti sei imposto e ti assicuro che i risultati saranno straordinari.

SEGRETO n. 1: poniti un grande obiettivo su ciò che vuoi ottenere dal mestiere di venditore: punta a fare ogni giorno molte vendite e accontentati solo se sei riuscito a raggiungere il limite minimo che hai deciso.

Come ti ho già detto, un'altra caratteristica delle persone che hanno il giusto atteggiamento è quella di accettare i “no” dei clienti e andare avanti ugualmente. Per un negoziatore, *abbattersi davanti ai rifiuti dei probabili acquirenti è distruttivo*. Ed è scontato che dei “no” ci saranno, perché anche se diventi il venditore più bravo del mondo, non puoi ottenere solo dei “sì”. Ci saranno sempre persone che non sono interessate a ciò che gli proponi.

Immagina un mondo dove tutte le persone a cui ti rivolgi vogliono acquistare i tuoi prodotti. Personalmente non mi divertirei più, perché non ci sarebbe più quella sfida che mi spinge a migliorare sempre di più. Dopo un po’ diventerebbe anche noioso.

Quindi non si tratta di fare in modo che nessuno ti risponda di “no” – anche se certamente in questo corso imparerai a essere più convincente – ma di fare in modo che i rifiuti non abbiano effetti negativi sul tuo atteggiamento.

Allo stesso modo, le persone che non sono abituate a essere determinate dovrebbero esserlo. Per fare ciò, c’è un metodo rapido ed efficace, che deriva dalla Programmazione Neuro Linguistica (PNL). Si tratta di utilizzare il normale funzionamento della nostra mente inconscia, che *lavora per associazioni*. Ti è mai capitato di sentire un particolare profumo e immediatamente ricordare un'emozione? Oppure, hai mai ascoltato una canzone che ti richiamava alla mente dei bei ricordi? Puoi utilizzare lo stesso principio per essere più motivato e determinato nella vita.

Ecco come essere più determinati (leggi tutti i punti prima di iniziare):

1) Chiudi gli occhi e immagina degli episodi della tua vita in cui ti sei sentito incredibilmente determinato e motivato, tanto da poter vincere qualsiasi sfida (se non ricordi questo tipo di episodi, immaginali pure).
2) Amplifica le emozioni che provi, aumenta il volume dei suoni e la brillantezza dei colori.
3) Quando senti che l'emozione raggiunge il massimo, fai un gesto (ad esempio, fai toccare il pollice e l'indice della mano destra).
4) Ripeti i passi 2, 3 e 4 finché il semplice ripetere il gesto ti farà provare quelle emozioni.
5) Ora, ripeti il gesto e immagina la tua giornata lavorativa

mentre sei determinato e continui a esserlo, anche se alcuni clienti non sono interessati. Immagina che grazie a questa tua determinazione riesci a fare molte vendite.

6) Ripeti il punto 5 finché non ti sentirai determinato già solo immaginando la tua giornata lavorativa. La cosa migliore è ripetere il punto 5 tutte le mattine per almeno un mese (il tempo per far abituare la tua mente a questo nuovo modo di pensare).

In questo modo assocerai al fatto stesso di vendere il *sentirti motivato e determinato*, quindi, progressivamente, i "no" saranno sempre meno un problema. In ogni caso, quando vedi che l'altra persona non è minimamente interessata e quindi sta per rifiutare la tua proposta, prendi in mano tu il timone dicendo: «Va bene, vedo che non sei interessato a ciò che ti propongo. Non perdiamo altro tempo. Questo è il mio biglietto da visita, contattami pure se cambi idea. Buona giornata».

Sii tu a condurre il gioco, invece di farti "scaricare", fai vedere che sei tu stesso a porre fine all'illustrazione dei prodotti, pur lasciando un biglietto con i tuoi contatti. Naturalmente, prima devi aver proposto tutti i prodotti che potrebbero interessargli, ma se continui a vedere indifferenza, allora puoi concludere. Perché insistere va bene se l'altro ha qualche dubbio, ma *quando l'altra persona non è proprio interessata, è inutile perdere tempo.*

SEGRETO n. 2: sii determinato e non dare peso al rifiuto dei possibili acquirenti; inoltre, se vedi che il cliente non è minimamente interessato ai tuoi prodotti, sii tu a condurre il gioco concludendo la trattativa.

Il secondo punto in cui un venditore deve diventare bravo è la *presentazione del prodotto*, ovvero il rapporto che hai con il tuo cliente e come appunto presenti ciò che hai da offrire. Più un venditore è bravo nella presentazione e *più riuscirà a convincere gli altri* a comprare i propri prodotti.

Ad esempio, il negoziatore A vende in media un prodotto ogni 10 persone a cui lo propone, mentre il venditore B riesce a vendere lo stesso prodotto a 3 persone ogni 10. È evidente che B ha una capacità di relazionarsi e di presentare il prodotto più efficace rispetto all'altro.

Per migliorare di molto il rapporto con il cliente e la tua capacità di presentargli il tuo prodotto, ti consiglio *un esercizio davvero utile* da fare insieme a un amico, un parente, il partner, un genitore o chiunque possa darti una mano (che da adesso in poi chiameremo il tuo compagno). Prima di iniziare, procurati una videocamera, o un cellulare con la videocamera, che servirà per registrarti.

Quando siamo in presenza di un cliente, non possiamo riprendere ciò che facciamo, quindi non puoi vederti dall'esterno. Questo è uno dei motivi per cui dovrai simulare la vendita con un compagno, poiché *in questo modo potrai vedere gli errori che fai senza neanche accorgertene.* Molto probabilmente ti renderai conto di farne molti! Ma tranquillo, stai facendo l'esercizio proprio per questo!

Prima di iniziare l'esercitazione, devi fare alcune premesse. In primo luogo devi dire al tuo compagno di restare serio e interpretare bene il ruolo del cliente, proprio come farebbe un buon attore. In secondo luogo, dovete porvi mentalmente delle domande. Lui deve chiedersi se riesci a convincerlo a comprare da te, tu invece devi chiederti: «Come posso convincerlo a comprare i miei prodotti? Cosa posso dire di veramente efficace?»

Fatte queste premesse, fai partire la registrazione e la finta vendita. Fai come se il tuo compagno fosse realmente un tuo probabile acquirente, quindi non dimenticarti di salutarlo, di presentarti ecc. Una volta conclusa la vendita, fatti dire dall'altra persona come sei andato e cosa dovresti migliorare secondo lui.

Di seguito, guarda attentamente il video e osserva scrupolosamente ciò che fai, proprio come farebbe il più pignolo dei critici d'arte con un'opera. *Scrivi tutti i tuoi errori*, compresi quelli che ti dice il tuo amico, e *cerca di correggerli nel modo che ritieni più opportuno*. Ripeti la finta vendita finché non diventerà sempre più facile per te parlare con scioltezza e proporre i tuoi prodotti in maniera davvero **efficace**. Quindi, per riassumere, interpreta una finta vendita con un'altra persona e registrala. Fatti dire dal tuo compagno se sei stato convincente o meno e guarda la registrazione con occhio critico.

Ripeti nuovamente la finta vendita *correggendo gli errori che hai fatto in precedenza* (ti consiglio di cambiare ogni tanto il compagno per migliorare la tua versatilità). Se non riesci a essere molto convincente, oppure lo vuoi essere ancora di più, di seguito troverai un ottimo esercizio per migliorare anche in questo.

Immagina di essere con un'altra persona che devi assolutamente convincere a comprare il tuo prodotto in meno di un minuto: cosa diresti?

....

....

....

Quando hai pochi secondi per convincere una persona, non hai tempo di tergiversare su argomenti inutili, ma devi sintetizzare, nel modo più efficace possibile, i seguenti punti:

- la tua presentazione;
- la presentazione dei tuoi prodotti;
- i pregi migliori dei tuoi prodotti.

Attenzione, non devi solo condensare questi punti, ma devi fare in modo che siano più convincenti possibile. Mentre scrivi la tua presentazione devi avere in mente due sole domande: «*È abbastanza convincente?*» «*Come posso renderla ancora più convincente?*» Questo esercizio ti aiuterà sia a comprendere meglio quali sono realmente i punti focali su cui basare la tua conversazione, che nella presentazione del tuo prodotto.

Cosa fare: immagina di avere davanti a te una persona che devi convincere a comprare il tuo prodotto nel minor tempo possibile. Cosa gli diresti? Scrivi i tre punti focali, ovvero la tua presentazione, la presentazione del prodotto ed esponi i pregi dei prodotti a cui è interessata. Scrivi tutta la presentazione su un foglio e sottolinea le frasi migliori.

Ora chiediti se sei stato abbastanza convincente e come potresti esserlo ancora di più. Prendi un altro foglio e cerca di scrivere ancora meglio. *Fallo finché non sei davvero soddisfatto di ciò che hai scritto.* Alla fine, unisci le frasi migliori di tutte le presentazioni che hai scritto e, molto probabilmente, otterrai un discorso grandioso.

A differenza di ciò che potresti pensare, lo scopo dell'esercizio non è quello di imparare a memoria un dialogo, perché la cosa migliore è esporre "a braccio", dato che in questo modo puoi adattarti all'altra persona.

Tuttavia, esercitarti nel preparare un discorso ottimo e conciso ti permetterà di capire *quali sono i punti su cui focalizzarti* mentre parli con i tuoi clienti. Ma non solo, perché più ti alleni a trovare le parole giuste per convincere il potenziale acquirente e più ti risulterà facile trovarle mentre ci stai parlando.

SEGRETO n. 3: allenati a fare la tua presentazione con un compagno (registrandoti) e trova le frasi migliori per convincere il cliente; prova e riprova correggendo di volta in volta i tuoi errori, finché non diventerai eccezionale.

Come dirò abbondantemente in questo libro, *il rapporto tra venditore e cliente deve avere alla base la moralità e un comportamento corretto.* Quando il venditore guadagna "imbrogliando" il cliente, spesso pensa di guadagnare di più, ma non è assolutamente vero! Si tratta piuttosto di un guadagno illusorio.

Sì, perché nell'immediato potrebbe avere un riscontro economico maggiore, ma poi il passaparola gli si ritorcerebbe contro (come è giusto che accada), e a quel punto avrebbe sempre meno persone disposte a comprare da lui. Di conseguenza, quando una persona si comporta male con un cliente, *distrugge il suo futuro da venditore*.

In primo luogo perché è una questione di **etica** e di **rispetto** per gli altri. Come diceva un personaggio molto saggio, circa duemila anni fa: «Fai agli altri ciò che vorresti fosse fatto a te» (Vangelo, Matteo 7,12). Naturalmente tutti vogliamo rimanere soddisfatti quando facciamo un acquisto, allora perché non focalizzarsi sul far ottenere la stessa soddisfazione anche ai nostri clienti?

In secondo luogo, nella professione di venditore c'è un fattore che conta tantissimo ed è proprio il terzo punto fondamentale su cui si deve concentrare il buon venditore: la **reputazione**.

La reputazione spesso è un fattore che viene molto trascurato, ma *è fondamentale* per un negoziatore. Trasmettere una buona immagine di te, ti permette di avere clienti fidati, che tornano volentieri e che parlano bene di te ad altre persone. D'altro canto, non dovrei neanche dirtelo che in tutto ciò che si fa è bene comportarsi in modo onesto e amichevole.

Ciò che semini raccogli. Se un venditore è abituato a imbrogliare i propri clienti, presto si spargerà la voce e la sua reputazione diventerà pessima. Si dirà in giro: «Non comprare da lui perché è un imbroglione», «Non fare affari con quel venditore perché ha il brutto vizio di raggirare le persone», «Te lo sconsiglio vivamente, mi ha fatto pagare un prodotto il doppio» e così via.

Così, sempre meno clienti saranno disposti a fare affari con lui. Perché puoi anche essere il venditore più bravo del mondo, ma quando la tua reputazione è pessima, *le persone ci penseranno due volte prima di stringere affari con te.*

Questo puoi vederlo nella vita di tutti i giorni. Facciamo un esempio banale: un commerciante ti vende un prodotto e ti fa pagare troppo. La seconda volta che vai da lui continua a comportarsi male. Ci andresti volentieri un'altra volta? Ovvio che no!

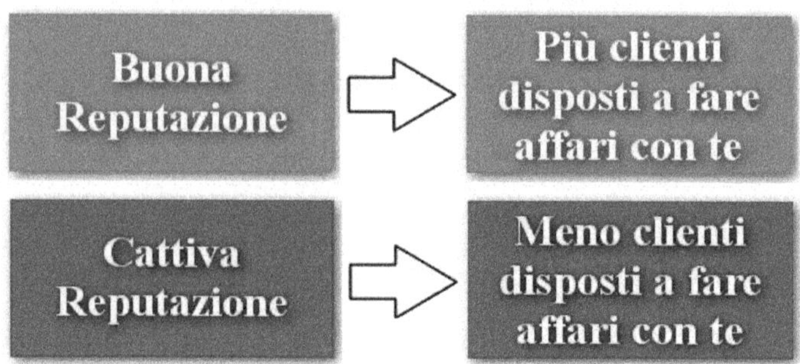

Inoltre, un'altra questione da sottolineare è la fiducia. Quando una persona perde fiducia in un venditore, poi *è difficile ricuperarla*, anche se quest'ultimo da lì in poi si comporterà sempre bene. Quindi, tratta sempre l'altra persona come vorresti che ti trattassero. Io vorrei fare affari solo con persone gentili, amichevoli e di cui mi posso fidare. Tu chi preferiresti?

Di conseguenza, la regola d'oro è quella di *far restare sempre soddisfatto il tuo cliente* perché, come puoi vedere e toccare con mano tutti i giorni, il comportamento del venditore innesca un ciclo che incide sulla sua reputazione. Quando un venditore tratta male il proprio cliente, questo resterà insoddisfatto, quindi preferirà *non fare più affari con lui* e molto probabilmente *ne parlerà male* a chi glielo chiede. In questo modo il venditore si creerà una pessima reputazione che peggiorerà a ogni cliente insoddisfatto. Questo porterà sempre meno acquirenti da lui.

Al contrario, se il negoziatore tratta bene il cliente, questo rimarrà soddisfatto. Di conseguenza sarà più motivato a fare nuovi affari e a chi glielo chiede parlerà bene del venditore. Questo farà si che a ogni cliente soddisfatto la reputazione del negoziatore migliori e di conseguenza i suoi clienti aumentino. Quindi, in conclusione:

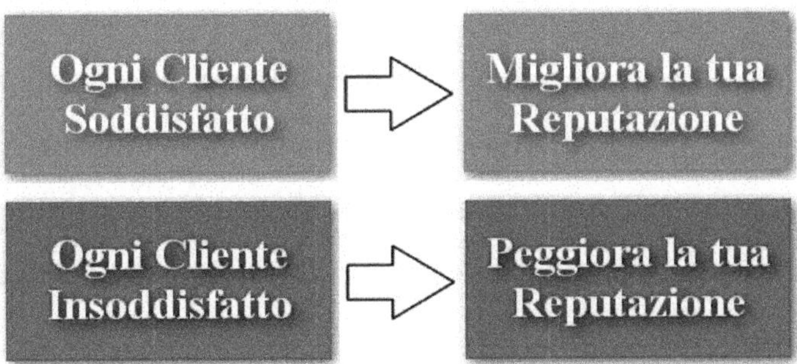

SEGRETO n. 4: la reputazione di un venditore è importantissima, quindi è fondamentale che faccia in modo che ogni cliente rimanga soddisfatto, perché più i clienti restano soddisfatti e più la sua reputazione migliorerà.

Oltre ai tre punti che ti ho appena descritto, ovvero l'atteggiamento, la presentazione e la reputazione, ce n'è un altro che, negli ultimi anni, qualsiasi venditore "moderno" deve aggiungere: **Internet**. Ti renderà anche più facile ricordare i punti del buon venditore, perché l'acronimo di queste parole è **APRI** (Atteggiamento, Presentazione, Reputazione, Internet).

Internet è uno strumento che sta diventando sempre più importante nella vita delle persone. Gli utenti della rete sono cresciuti vertiginosamente e credo che si continuerà con questo ritmo ancora per un bel po'. Pensa soltanto che pochi anni fa quasi nessuno sapeva cosa fosse un social network, mentre oggi sono diventati un punto di riferimento per molti. Addirittura i VIP li utilizzano per comunicare con i propri fan e molti ci trascorrono ogni giorno ore e ore.

Un tempo gli innamorati si scambiavano le lettere, ora invece ci si chiama, si mandano sms, si chatta, si videochiama attraverso Internet ecc. Perché il sistema è in continua evoluzione e di conseguenza cambiamo anche noi.

Le persone che si connettono a Internet sono in continuo aumento perché la rete offre una mole impressionante di nuove opportunità. In passato, se inviavi una lettera dovevi aspettare almeno un giorno prima che qualcun altro la ricevesse. Con Internet basta premere "invia" e, un istante dopo, l'altra persona può già leggere l'email che gli hai mandato. Puoi addirittura videochiamare o chattare contemporaneamente con una o più persone che si trovano in nazioni diverse.

Uno strumento molto comodo sono quei siti Internet in cui chiunque può vedere delle informazioni che ti riguardano, i tuoi prodotti e magari anche contattarti. Anzi, puoi fare molto di più! Puoi aprire un ecommerce dove vendere i tuoi prodotti direttamente attraverso Internet. Il bello di questo strumento è che richiede uno sforzo minimo e può vendere 24 ore su 24 anche se tu ti trovi al mare, in montagna o a dormire. A te basta solo vedere una volta al giorno chi ha comprato i tuoi prodotti e spedirglieli.

Insomma, Internet può offrirti delle valide alternative che prima non potevamo neanche immaginare, spesso migliori e più convenienti dal punto di vista economico rispetto a quelle del "mondo reale".

Proprio per i motivi di cui ti ho parlato, ho aggiunto il web come strumento fondamentale per il buon venditore. Adesso tocca a te: come puoi sfruttare Internet a tuo vantaggio?

……………………………………………………………………………………

……………………………………………………………………………………

……………………………………………………………………………………

Come puoi aumentare le tue vendite grazie a questo strumento?

……………………………………………………………………………………

……………………………………………………………………………………

……………………………………………………………………………………

SEGRETO n. 5: i tempi cambiano e Internet è una grandissima innovazione che puoi utilizzare a tuo vantaggio anche per quanto riguarda la vendita.

RIEPILOGO DEL CAPITOLO 1:

- SEGRETO n. 1: poniti un grande obiettivo su ciò che vuoi ottenere dal mestiere di venditore: punta a fare ogni giorno molte vendite e accontentati solo se sei riuscito a raggiungere il limite minimo che hai deciso.
- SEGRETO n. 2: sii determinato e non dare peso al rifiuto dei possibili acquirenti; inoltre, se vedi che il cliente non è minimamente interessato ai tuoi prodotti, sii tu a condurre il gioco concludendo la trattativa.
- SEGRETO n. 3: allenati a fare la tua presentazione con un compagno (registrandoti) e trova le frasi migliori per convincere il cliente; prova e riprova correggendo di volta in volta i tuoi errori, finché non diventerai eccezionale.
- SEGRETO n. 4: la reputazione di un venditore è importantissima, quindi è fondamentale che faccia in modo che ogni cliente rimanga soddisfatto, perché più i clienti restano soddisfatti e più la sua reputazione migliorerà.
- SEGRETO n. 5: i tempi cambiano e Internet è una grandissima innovazione che puoi utilizzare a tuo vantaggio anche per quanto riguarda la vendita.

CAPITOLO 2:
Come utilizzare la vendita win-win

Molti parlano della vendita win-win, ma pochi sanno realmente di cosa si tratta. Alcuni pensano che sia una "strana tecnica" che molto probabilmente non si adatterà mai alla loro realtà. Assolutamente no! Non è niente di tutto questo e, soprattutto, non è una tecnica, ma molto di più. Consiste in un modo completamente diverso di fare marketing, *molto più efficace di quello tradizionale e migliore dal punto di vista umano*.

"Win-win" si traduce, nel contesto, in "vince-vince". Naturalmente non si intende il fatto di vincere realmente qualcosa, ma di **restare soddisfatti**. Quindi, fare marketing seguendo la regola win-win, significa che sia il venditore che il cliente devono restare soddisfatti. È proprio questo che *la distingue dalla vendita "tradizionale"*. Perché a differenza della negoziazione che fa la maggior parte dei venditori, l'obiettivo principale non è il guadagno, ma la soddisfazione.

Alcuni giorni fa ho visto in televisione un'intervista a una star musicale internazionale. La domanda che mi ha fatto riflettere è stata: «Cosa significa per te cantare?» Il succo della risposta è stato: cantare significa **tutto** per me, è fantastico. Avevo già sentito un concetto simile in un'altra intervista, dove un musicista disse: toglietemi tutto ma *non posso fare a meno della musica*.

Se ci pensi, questo è un concetto meraviglioso! Avvalla la teoria che quando si fa qualcosa con l'unico scopo di guadagnare, spesso non si raggiunge un buon successo. Quando invece si fa tutto con passione, *i risultati saranno differenti*. Perché un conto è fare qualcosa controvoglia, un altro è appassionarsi a ciò che si fa e quando questo accade *si ha "una marcia in più"*.

Anche la vendita funziona esattamente così. Ti consiglio di non vedere la tua professione come un semplice lavoro, perché non deve essere qualcosa che fai controvoglia, ma *deve diventare la tua passione*, qualcosa che non vedi l'ora di fare.

Così, è scontato che se metti anima e corpo pur di vendere al meglio, cercherai in ogni modo di far restare soddisfatti i tuoi clienti. Al contrario, quando qualcuno vuole solo guadagnarci rischia di dare più importanza al denaro che alle persone.

Perché dovresti applicare questo nuovo modo di fare? Per il semplice fatto che non solo il tuo marketing ne trarrà vantaggi, ma ne ricaverà grandi benefici anche il rapporto con i tuoi clienti. Ecco alcuni esempi dei miglioramenti che puoi ottenere:

- avere clienti più motivati a fare nuovi affari con te;
- miglioramento del rispetto tra entrambe le parti;
- avere un buon rapporto con i clienti;
- guadagnare meglio a lungo termine;
- crearsi una reputazione migliore;
- avere clienti più soddisfatti;
- avere un rapporto più etico.

A questo punto potresti pensare: «Ma se si possono ottenere così tanti risultati, perché lo usano in pochi?» La risposta è molto semplice: perché la maggior parte delle persone impara a vendere in modo autonomo e, con l'esperienza, *arriva a credere di avere un metodo sicuro, consolidato ed efficace*. Ma soprattutto si seguono delle convinzioni che ormai si sono diffuse a macchia d'olio. Avrai modo di vedere più avanti, in questo corso, come verranno sfatate molte delle credenze più comuni, che verranno sostituite da idee più idonee.

Alcuni esempi di convinzioni e paradigmi da sfatare sono:

- ingannando il cliente si ottengono maggiori guadagni;
- si deve cercare di proporre al cliente più prodotti possibili;
- si deve persuadere il cliente a comprare finché non lo fa;
- non importa se il cliente è insoddisfatto, basta essere riusciti a vendergli un prodotto;
- il venditore deve creare distacco con il cliente senza diventarci amico.

Molto probabilmente, se sei un venditore, avrai riconosciuto qualche punto che rispecchia il tuo pensiero. Prima di illustrarti in cosa consiste il metodo in cui entrambe le parti risultano vincenti, ti parlerò dell'attuale sistema usato dalla stragrande maggioranza delle persone. In questo modo potrai vedere e toccare con mano i limiti e i difetti del "metodo tradizionale", comprendendo chiaramente perché non funziona al meglio.

SEGRETO n. 6: la strategia di marketing win-win, rappresenta un modo completamente diverso di vendere, più efficace di quello tradizionale e migliore dal punto di vista etico e sociale.

Il normale venditore ha in mente questo paradigma: Vendere = cercare di guadagnare vendendo il più possibile qualsiasi prodotto/servizio.

Quindi, non importa se si "rifilano" all'altra persona prodotti ai quali non è effettivamente interessato, basta proporre e vendere il più possibile. In effetti, il venditore classico non pone molta attenzione sul cliente e sui suoi reali bisogni. Il più delle volte è felice di aver concluso la trattativa guadagnandoci, anche se magari l'altra persona non è rimasta del tutto soddisfatta. In questo modo *il venditore ha vinto ma il cliente ha perso*.

Ma può capitare anche l'opposto, nel caso in cui il cliente è l'unico ad averci guadagnato davvero. Questo accade quando il venditore è troppo spinto dal bisogno di concludere l'affare e, per farlo, lascia troppa corda al cliente, che se ne approfitta.

Quest'ultimo se ne può approfittare in diversi modi, tra cui quello più classico di acquistare un prodotto/servizio a un prezzo stracciato, non rispettando il lavoro e gli sforzi fatti dal venditore. In questo caso, quindi, *il venditore ha perso e il cliente ha vinto*.

Ma nelle pagine successive non solo scoprirai come far vincere entrambe le parti, ma soprattutto lavorerai sui tre pilastri fondamentali: ciò che si fa prima, durante e dopo la vendita. L'obiettivo di questo percorso sarà correggere tutti quei piccoli errori che compromettono la buona riuscita di una vendita e, al tempo stesso, di capire le strategie utilizzate dai migliori venditori. Ho organizzato tutto questo in 6 punti principali, che potrai associare appunto al prima, al durante e al dopo vendita.

Punto 1 – Avere una visione completa di ciò che hai da offrire

Prima di "scendere in campo" come venditore, c'è un punto essenziale su cui soffermarsi: avere una panoramica completa dei propri prodotti. Perché se non sai ciò che hai da offrire, come puoi capire qual è il prodotto/servizio migliore per il cliente? *Semplice, non puoi!*

Per questo motivo, è essenziale *conoscere con esattezza come sono fatti i tuoi prodotti, compresi i pregi e i difetti*, in modo da sapere in qualsiasi situazione qual è il prodotto che si sposa meglio con le esigenze dell'altra persona. Così, se il cliente ti dirà: «Voglio un prodotto che serva per fare X», tu gli darai il prodotto che fa X.

Ti faccio un esempio: se vendi dei profumi e non hai la minima idea delle loro qualità, se il cliente ti chiede un profumo più dolce o più deciso, oppure si ti chiede un profumo il cui odore rimanga a lungo sul vestito, come fai a dirgli qual è? Cosa gli rispondi?

Invece, un venditore che ha testato i suoi prodotti può consigliare con esattezza il cliente. Ricorda che siamo miliardi al mondo e che, per fortuna, i gusti e le necessità variano da persona a persona. Quindi, *è sbagliato ostinarsi a proporre lo stesso prodotto a persone differenti*. Proprio per questo devi conoscere ciò che proponi in modo da sapere sempre *qual è il migliore da mostrare in ogni occasione*.

Naturalmente, se hai moltissimi prodotti o per qualsiasi altra ragione non ti è possibile testarli in prima persona, quantomeno cerca di informarti su ciò che vendi, soprattutto sui pregi e gli eventuali difetti. Se è possibile, informati dai tuoi clienti che li hanno testati e fatti raccontare se sono loro piaciuti e perché. Attenzione a non sottovalutare questo punto perché è importantissimo. Riassumendo:

Quali sono i tuoi prodotti migliori?

....

....

Quali sono i prodotti che fanno rimanere più soddisfatti i tuoi clienti?

....

....

Quali sono i più grandi pregi dei tuoi prodotti?

....

....

Quali potrebbero essere i difetti?

....

....

Non cercare mai di "rifilare" al cliente qualsiasi prodotto possibile, ma presta attenzione alle sue esigenze e cerca di offrirgli il prodotto più adatto a lui. E se non hai questo prodotto? *Digli da chi altri può averlo*. Sì, hai sentito bene, digli da chi altri può averlo! La persona apprezzerà il tuo gesto e ti assicuro che ricambierà.

Nel marketing, infatti, non si deve puntare solo al guadagno, ma soprattutto alla vincita di entrambi. Ora puoi chiederti: «Ma come faccio a vincere se indirizzo il mio cliente da un altro?» Be', innanzitutto ci guadagni moralmente e anche per quanto riguarda la tua immagine personale e di venditore. Fidati, *il cliente tornerà volentieri da te*. Se invece gli "rifili" il primo prodotto possibile, molto probabilmente non tornerà più.

Quindi, non devi puntare solo a guadagnare nel breve termine, piuttosto *devi focalizzarti sul lungo termine*, perché è questo che ti permetterà di crescere nel tempo e di avere un assortimento sempre più ampio di clienti che, essendo soddisfatti, torneranno da te sempre più volentieri.

Infine, l'ultima cosa su cui soffermarsi prima di iniziare la vendita di prodotti è *capire il prezzo più giusto a cui proporli*. Un prezzo troppo alto non va bene, come non va bene un prezzo troppo basso. In genere, un buon modo per capire il prezzo più adatto consiste nel mettersi nei panni degli altri. Immagina che una persona ti proponga quel prodotto, quale sarebbe il prezzo che sei disposto a pagare?

SEGRETO n. 7: prima di iniziare a vendere, devi avere un'ampia conoscenza di ciò che proponi, in modo da sapere qual è il prodotto più adatto al cliente e potere stabilire il giusto prezzo di ciò che vendi.

Punto 2 – Creare un clima solidale e di amicizia

Con chi preferiresti avere un rapporto, con una persona che crea distacco o una persona simpatica che crea un ottimo clima? Penso proprio che preferiresti la seconda! Allora perché non applicare questa regola anche ai rapporti professionali?

Molti credono che ci debba essere un rapporto "distaccato" tra venditore e cliente, perché ci è stato detto che è più professionale. Ma *la professionalità si dimostra con una profonda conoscenza di ciò che si propone e rispettando il cliente*, non creando distacco nei sui confronti.

Quindi, il mio consiglio è di creare un clima amichevole in ogni rapporto lavorativo. Se dovessi avere difficoltà nel farlo, di seguito troverai un esercizio per migliorare le tue capacità inconsce. Funziona in modo molto simile all'esercizio per essere più determinati, proposto più sopra.

Ecco come proseguire (leggi tutto l'esercizio prima di farlo):

1) chiudi gli occhi e immagina di trovarti con un cliente;
2) immagina di creare un clima amichevole in cui il cliente si sente bene e tu sei eccezionale nel convincerlo;
3) amplifica le emozioni, aumenta il volume dei suoni e la brillantezza dei colori;
4) quando senti che l'emozione raggiunge il massimo, fai un gesto (ad esempio, fai toccare il pollice e l'indice);
5) ripeti i passi 2, 3 e 4 finché il semplice ripetere il gesto ti farà provare quelle emozioni;

Da questo momento in poi, potrai utilizzare questo gesto ogni qual volta ti trovi con un cliente, per *creare un clima amichevole*. Dopo un po' che lo farai *diventerà naturale* per te creare questo clima, senza ripetere il gesto e senza neanche accorgertene.

Punto 3 – Ascoltare attentamente per capire i bisogni dell'altro

Il primo segreto della comunicazione vincente è la capacità di saper ascoltare gli altri. Per un venditore diventa un'abilità assolutamente fondamentale. Tutti nella vita comunichiamo, ma *pochi hanno la capacità di ascoltare davvero gli altri*. La grande qualità di tutte le persone che comunicano in modo davvero **efficace**, e di conseguenza quella di ogni grande venditore, è avere alla base la capacità di *saper ascoltare con attenzione*.

C'è una grande differenza tra sentire e ascoltare. Puoi sentire per ore e ore parlare una persona *eppure non aver mai prestato attenzione* alle sue parole. Mi piace raffigurare la differenza attraverso una mia amica. Quando guarda un film che le interessa, ascolta solo la televisione, non esiste nient'altro al mondo (ecco un esempio di ascolto attivo). Infatti, se le parli in quei momenti, non capisce neanche cosa le dici (sente solo la voce).

Quando nella negoziazione presti attenzione a ciò che dicono gli altri, ottieni innumerevoli benefici:

- Ti distinguerai dalla massa, e *verrai visto in modo diverso*, proprio perché pochi lo fanno. Quindi è importante che diventi il tuo punto di forza.
- Se una persona si sente ascoltata, inconsciamente si sente più importante e valorizzata, perché nasce spontanea l'associazione: *mi ascolta attentamente = mi dà valore.*
- Si riescono a comprendere le idee, le convinzioni e i bisogni dell'altro, quindi *puoi capire meglio e a fondo l'altra persona.* Per un venditore significa riuscire a capire i reali bisogni del cliente, che ottiene ciò che realmente desidera e, di conseguenza, resta più soddisfatto.

Immagina e immedesimati in questa scena: un uomo entra in una gelateria e ordina un gelato:

- Il gelataio, senza neanche ascoltare i gusti che il cliente vorrebbe, gli dice: «I gusti fragola e yogurt secondo me sono molto buoni».
- Il cliente risponde: «Insomma, non mi piacciono molto». Preferirebbe altri gusti, ma non appena vuole dirli al venditore viene interrotto.

- Il gelataio: «Vanno bene allora i gusti limone e cioccolato?»
- Il cliente: «No, guarda vorrei altri gusti».
- Il gelataio: «Ok, ho i gusti cocco e ananas, li vuoi?»
- Il cliente accetta, paga e se ne va molto insoddisfatto, perché in realtà voleva stracciatella e variegato all'amarena. Non c'è bisogno di dire che non è più entrato in quella gelateria.

Sembra assurdo eppure, credimi, la maggior parte dei venditori con cui ho avuto a che fare si comportano proprio in questo modo. Ovvero: propongono un prodotto *senza neanche sapere o voler conoscere ciò di cui il cliente ha bisogno*. Questo è un errore che fanno in molti anche nella comunicazione normale, vuoi perché si crede di conoscere già i pensieri dell'altra persona, vuoi per un po' di presunzione, vuoi perché non si è abituati a farlo, ma *si ascolta poco attentamente ciò che l'altro ha da dire*. Addirittura, in alcune occasioni si interrompe l'altra persona senza che neanche abbia finito il discorso. Questo è un altro errore gravissimo, molto spesso è anche un gesto che fa arrabbiare o quantomeno dà fastidio.

Certo, con questo non voglio assolutamente dirti che per ogni cliente devi ascoltare la storia della sua vita, perché non sei uno psicologo, ma un venditore. Però devi (e sottolineo devi) ascoltare i suoi bisogni e le sue necessità, perché è su questi che devi basare la tua vendita: *su ciò di cui ha bisogno il cliente e non su ciò che tu vorresti vendere.* Imprimilo bene nella tua mente perché è un concetto fondamentale che ogni negoziatore dovrebbe seguire.

Se un cliente ti dice che vorrebbe un'auto sicura e confortevole, non puoi dirgli: «Guarda qui, quest'auto è la più bella che abbiamo! Ma non solo è bella, consuma anche pochissimo!» Perché da una parte il cliente sta urlando il bisogno di avere un'auto sicura e confortevole e dall'altra gli viene risposto in termini di auto bella e che consuma poco (bisogni completamente diversi tra loro).

Per fare il paragone con la metafora di prima, è come se il cliente volesse i gusti fragola e ananas e il gelataio invece si ostinasse a mettere sul cono i gusti cocco e limone. Quindi, di conseguenza, il cliente non solo si sentirebbe incompreso, ma non gli verrebbe proposto neanche il prodotto di cui ha bisogno. Così, quando accade una situazione simile, non deve sembrarti strano se il cliente non è interessato a ciò che gli viene proposto o se accetta restando insoddisfatto dalla vendita.

Se anche tu hai il problema di ascoltare poco, tutto ciò che devi fare da adesso in poi è interessarti a ogni parola che dice l'altro, prestando molta attenzione. Evita ogni distrazione e concentrati sul significato che ha e che potrebbe avere ogni frase. Smettila di concentrarti solo su te stesso e su quello che devi dire, perché *non stai facendo un monologo*! Stai vendendo!

Se un cliente ti dice: «Guarda, vorrei comprarlo, ma ho paura che sia un investimento rischioso», tu non devi continuare a parlare del prodotto come se nulla fosse. È assurdo, ma il 90% dei venditori fa proprio così, e questa è una cosa terribile! Perché il cliente *non si sente compreso*, e inoltre non ti rendi conto di ciò che impedisce all'altra persona di comprare il tuo prodotto.

Quindi, se ti dice che vorrebbe comprarlo ma teme che sia un investimento rischioso, è evidente che il cliente *ha bisogno di essere rassicurato* su ciò che compra, quindi devi esporgli tutti i vantaggi del prodotto in termini di *sicurezza* facendogli capire *di aver compreso le sue paure*. Quindi puoi dirgli: "So che credi che sia un investimento rischioso, ma in realtà è più *sicuro* di quanto tu possa credere, perché...»

Sono le piccole differenze che contano e questa può portare vantaggi davvero significativi nella tua vita. Non puoi neanche immaginare quante vendite sono andate male (e continuano ad andar male nel mondo proprio mentre stai leggendo questo libro) principalmente per questo motivo. *Impara ad ascoltare e a non interrompere* l'altra persona mentre sta parlando, così non solo avrai clienti più soddisfatti, ma migliorerai anche i tuoi rapporti in generale.

Sì, perché saper ascoltare, anche al di là della vendita, è una dote molto utile per comprendere meglio il partner, gli amici, i genitori, i figli e in generale tutte le persone che fanno parte della tua vita.

Cosa fare: da adesso in poi, ogni volta che comunichi con qualcuno, segui questi quattro punti:

- lascia parlare l'altra persona senza interromperla;

- concentrati su ciò che dice;
- concentrati sul significato di ciò che dice;
- fai dei cenni e dei versi che indicano che hai capito (ad esempio, cenni di assenso con la testa, dire: «Ok» ecc); attenzione però a non esagerare perché altrimenti l'altro potrebbe sentirsi preso in giro.

Utilizzando costantemente l'ascolto attivo, con il tempo diventerà sempre più facile capire gli altri. Ascoltando l'altra persona puoi sentire frasi del tipo: «Voglio avere la *sicurezza* che questa sia la scelta giusta»; «Per me la *salute* è molto importante»; «La *famiglia* è la cosa più importante»; «Per me in un rapporto è fondamentale il *rispetto* reciproco». La sicurezza, la salute, il senso della famiglia, il rispetto, sono tutti valori che *rappresentano ciò che è importante* per la persona che sta parlando.

Quindi, ascoltando attentamente, puoi conoscere ciò che per il cliente è importante, ovvero i suoi "valori". Una volta compresi, è fondamentale basare il discorso e i prodotti che offri in modo che "calzino" perfettamente con i valori del cliente.

In questo modo, non solo il venditore venderà di più perché sa quello che effettivamente il cliente vuole ma, allo stesso tempo, quest'ultimo resterà più soddisfatto perché il prodotto che gli viene offerto rispecchia in tutto e per tutto le sue reali esigenze. Quindi, è proprio il caso di dire: *il venditore vince / il cliente vince.*

SEGRETO n. 8: crea un clima di amicizia e impara ad ascoltare attentamente l'altra persona: nella vendita, saper ascoltare è una risorsa fondamentale per capire e soddisfare pienamente il cliente, scoprendo i suoi reali bisogni.

Punto 4 – Rispetto reciproco tra le parti

Un'altra caratteristica di un rapporto di vendita dove entrambe le parti restano soddisfatte, è il **rispetto reciproco**. D'altra parte il rispetto deve essere alla base di qualsiasi rapporto umano, perché quando viene a mancare, nascono rancori, insoddisfazioni e altre emozioni negative. Qualcuno sostiene che il modo migliore per essere rispettati sia farsi rispettare, sono d'accordo, ma al contempo credo che per essere rispettati bisogna darsi valore.

Quando ti dai valore, il rispetto ne consegue. Quando invece svaluti te stesso, di conseguenza gli altri ti svaluteranno e spesso cercheranno di approfittarsene. Nella vendita, quando diminuisci troppo il prezzo a un prodotto, stai togliendo valore anche a te stesso. Immagina questa scena tra due persone:

CLIENTE: Quanto costa questo prodotto?
VENDITORE: Costa trenta euro.
C.: Va bene dai, te ne do otto.
V.: Hmm... otto è troppo poco.
C.: Ok, allora lo compro da qualcun altro (questo è un ricatto che fa spesso il cliente).
V.: Ok dai, otto euro vanno bene.

In questo caso il venditore ha dato il prodotto al cliente senza guadagnarci niente. Così il cliente ha vinto e il venditore ha perso, perché non ha dato valore né a se stesso né al prodotto che ha proposto. Spesso i clienti utilizzano questi “ricatti”, che il più delle volte denotano che sono interessati, ma che vorrebbero anche un forte sconto. A quel punto è importante porsi un limite massimo.

Elenco dei "ricatti" più comuni:

- «Ok, allora lo compro in un'altra parte».
- «Ok dai, allora non lo compro per niente».
- «Va bene, tanto non ne avevo neanche bisogno».
- «Ma come, un altro me l'ha proposto a metà del prezzo a cui me l'hai messo tu!»

Se cedi e sconti troppo il prodotto, il danno è doppio, perché l'altra persona ragiona in questo modo: se mi ha fatto un grande sconto su questo prodotto, significa che può farmelo anche sugli altri. Quindi, svendere un prodotto significa sminuire anche tutti gli altri. Inoltre, quando togli troppo, al tempo stesso scende anche il valore che l'altra persona dà sia a te sia al prodotto stesso.

Infatti, il prezzo di un prodotto è un fattore molto importante per determinarne il valore. Immagina di avere davanti a te due locandine che raffigurano due diversi corsi di formazione: uno costa 50 centesimi, l'altro 547 euro. Secondo te, quale vale di più tra i due? Quale seguiresti con più attenzione? Be', molto probabilmente il secondo, anche se magari vengono trasmesse le stesse informazioni. È giusto guadagnare dal proprio lavoro, altrimenti che lavori a fare? Non avrebbe senso. Però non è giusto neanche proporre un prodotto a un prezzo spropositato, perché il rispetto deve esserci da entrambe le parti. Quindi, devi porti due domande: Quanto è giusto guadagnare su questo prodotto/servizio? Quanto sconto massimo sono disposto a fare? (ti consiglio di non superare mai il 10-15%).

Mettiamo che, su un servizio che vale 400 euro, tu pensi che sia giusto guadagnarci 100 euro (quindi il prezzo finale è di 500 euro) e, per venire incontro al cliente, sei disposto a scendere massimo al 10%. Da adesso in poi devi rispettare queste condizioni. Ovvero, non devi aumentare il prezzo e, soprattutto, non devi mai e poi mai andare oltre il 10% di sconto, neanche sotto i "ricatti" dell'altra parte. Anche perché, sinceramente, se il cliente utilizza questi mezzi, è perché è interessato, e infatti il più delle volte *lo acquisterà anche se poni un limite allo sconto*.

Quindi, nessuno dei due deve approfittarsi dell'altro. Il costo non deve essere troppo alto, ma neanche troppo basso. Ci deve essere rispetto tra le due parti, questa è l'etica nella vendita.

SEGRETO n. 9: il rispetto reciproco tra le parti è fondamentale nella vendita; vendi al prezzo giusto e non sminuire il tuo lavoro svendendo i tuoi prodotti, ma poniti un limite massimo di sconto oltre il quale non puoi andare.

Punto 5 – Contatta il cliente anche senza un fine commerciale

Sai perché il cliente spesso si infastidisce o dice che è impegnato quando un venditore lo contatta? Perché è consapevole che lo sta facendo solo per proporgli altri prodotti. Ormai *ci hanno fatto l'abitudine.*

Quindi, non ti stupire se al telefono ti rispondono frasi del tipo: «Ok, ti faccio risapere», «Ok, dai, richiamami tra una settimana», «Va bene dai, ti faccio sapere la prossima settimana», o ancora, «Ne parlo con i miei soci e ti faccio sapere». E non restare sorpreso del fatto che poi raramente ti ricontattano.

Praticamente stai facendo capire all'altra persona che ti serve (e uso di proposito il verbo servire) solo allo scopo di comprare i tuoi prodotti! È naturale che il cliente *non sia felice di essere ricontattato*, perché molti dovrebbero ricordarsi ogni tanto che si sta facendo marketing con persone umane, non con dei robot! Quindi ricorda sempre che dall'altra parte hai una persona che prova emozioni, che ha necessità e bisogni proprio come te. Utilizza, come al solito, la regola di fare agli altri ciò che vorresti fosse fatto a te e vedrai che le cose cambieranno.

Quindi, come vorresti essere trattato da un venditore dopo che hai acquistato un prodotto da lui? *Distinguiti da quello che normalmente fa la massa*, fai sentire importante l'altra persona e non uno qualunque dei tuoi clienti di cui ti ricordi solo quando hai bisogno.

Cosa fare: ricontatta i tuoi clienti senza proporre un prodotto (a meno che non ti venga espressamente richiesto). Fai le solite domande che si fanno: «Come va?» «Come va il lavoro?» «Come va quel progetto di cui mi hai parlato?» Il cliente *si sentirà un po' confuso*, perché molto probabilmente non gli è mai capitata una situazione del genere, in qualche modo hai "rotto la sua routine". Così si chiederà: «Ma com'è possibile che mi chiama senza secondi fini? Sicuramente a breve mi proporrà qualche prodotto» e invece tu non lo farai (a volte si sentiranno talmente confusi da questo fatto che ti chiederanno loro stessi informazioni su qualche prodotto).

Se ti chiede notizie riguardo ai tuoi prodotti, *informalo ma senza proporgli niente*: «Ultimamente ho questo servizio davvero fantastico», senza dire: «Guarda ho un servizio che sicuramente ti interesserà». Insomma, fai vedere che non lo stai dicendo per vendergli qualcosa, ma per informarlo.

Punto 6 – Fatti dare un contatto dove inviare informazioni

Infine, l'ultimo punto davvero utile è quello di inviare materiale informativo al cliente. Una volta si utilizzava la posta, ma oggi esiste la posta elettronica (che permette di risparmiare carta, francobolli e tempo).Quindi è buona cosa chiedere al cliente se vuole essere ricontattato tramite email per essere informato sulle novità (ti consiglio però di leggere prima ciò che dice la legge sulla privacy al riguardo).

Se il cliente non desidera essere ricontattato, *non insistere*. Se invece è un servizio di suo gradimento fatti dare l'email. Attenzione però a non cadere nello Spam! (per Spam si intende qualcosa di indesiderato). Per farla breve, l'altra persona deve *percepire ciò che gli invii come utile*, non come qualcosa da cestinare alla prima occasione.

Ecco delle linee guida da seguire:

- *cerca sempre di rendere utile ciò che invii*, invece di mandare il solito materiale commerciale, scrivi solo per informare delle novità;
- *punta tutto sulla qualità*, invia poche email ma di grande qualità perché inviarne troppe può essere addirittura dannoso (una a settimana è più che sufficiente); anche in questo caso è valida la regola "poche ma buone";
- *scrivi email mirate*, punta tutto sugli effettivi gusti del cliente;
- *inserisci i tuoi contatti*, scrivi alla fine i tuoi contatti, in modo che se il cliente li ha persi può ricontattarti;
- **inserisci un modo con cui cancellarsi**, perché se un cliente non vuole più ricevere informazioni sui tuoi prodotti, è inutile e controproducente continuare a mandargli email

SEGRETO n. 10: contattare il cliente anche senza un fine commerciale, ti distingue dalla massa e migliora il rapporto. Fatti dare un'email dove inviare materiale informativo e scrivi basandoti sul cliente senza cadere nello Spam.

Piano d'azione

Prima di iniziare a vendere dei prodotti

Testa i tuoi prodotti e studiali in modo da conoscerli a fondo (se per qualche ragione non ti è possibile farlo, chiedi almeno delle opinioni ai tuoi clienti che li hanno utilizzati).

Durante la vendita

- crea un rapporto di amicizia con i clienti (se hai difficoltà sfrutta il gesto spiegato nell'esercizio);
- ascolta attentamente ciò che dice l'altra persona, facendo attenzione sui suoi bisogni, e proponi i tuoi prodotti di conseguenza;
- rispetta il cliente e te stesso, senza svendere né far pagare troppo i tuoi prodotti.

Dopo la vendita

- contatta i tuoi clienti per sapere come va e se sono rimasti soddisfatti del prodotto, senza proporre niente (informali solo se ti viene chiesto);
- invia materiale informativo (e non commerciale) ai clienti interessati attraverso le email.

RIEPILOGO DEL CAPITOLO 2:

- SEGRETO n. 6: la strategia di marketing win-win, rappresenta un modo completamente diverso di vendere, più efficace di quello tradizionale e migliore dal punto di vista etico e sociale.
- SEGRETO n. 7: prima di iniziare a vendere, devi avere un'ampia conoscenza di ciò che proponi, in modo da sapere qual è il prodotto più adatto al cliente e potere stabilire il giusto prezzo di ciò che vendi.
- SEGRETO n. 8: crea un clima di amicizia e impara ad ascoltare attentamente l'altra persona: nella vendita, saper ascoltare è una risorsa fondamentale per capire e soddisfare pienamente il cliente, scoprendo i suoi reali bisogni.
- SEGRETO n. 9: il rispetto reciproco tra le parti è fondamentale nella vendita; vendi al prezzo giusto e non sminuire il tuo lavoro svendendo i tuoi prodotti, ma poniti un limite massimo di sconto oltre il quale non puoi andare.
- SEGRETO n. 10: contattare il cliente anche senza un fine commerciale, ti distingue dalla massa e migliora il rapporto. Fatti dare un'email dove inviare materiale informativo e scrivi basandoti sul cliente senza cadere nello Spam.

CAPITOLO 3:
Come raggiungere il livello superiore

Come hai avuto modo di vedere, gli argomenti riguardanti la vendita sono stati affrontati in modo non ordinato. Ogni capitolo del manuale rappresenta un corso a sé con cui migliorare le proprie strategie o apprenderne di nuove, riguardante le tre fasi della vendita: prima, durante e dopo. Il primo capitolo rappresenta il corso "base", il secondo quello "intermedio" e, infine, questo rappresenta l'"avanzato". Tutto ciò è stato studiato allo scopo di *facilitare il tuo apprendimento* e di *farti migliorare nelle tre fasi della vendita già dopo ogni capitolo.*

Hai potuto vedere e provare strumenti efficaci per conoscere i tuoi prodotti, per migliorare le tue capacità di relazionarti con il cliente, per farlo tornare da te e per poter conseguire una vendita dove entrambe le parti siano soddisfatte. Adesso però è venuto il momento conoscere quei sistemi che *proiettano a un livello superiore* nella vendita.

Qual è il primo passo per un cantante professionista? Naturalmente, prepararsi un buon repertorio di canzoni. Allo stesso modo, un venditore deve preparare una serie di offerte e pacchetti sui propri prodotti. Per fare ciò, in primo luogo si deve usare la fantasia, in secondo luogo si possono imitare i più bravi.

In alcune pizzerie in cui sono stata, si utilizza un buon sistema per **fidelizzare** i propri clienti e motivarli a comprare. Ti danno il loro biglietto da visita con alcune caselle nella parte posteriore (di solito dieci o dodici). Per ogni pizza al piatto che prendi da loro ti mettono un timbro e, quando timbri tutte le caselle, ti danno una pizza in omaggio. Così, se sei abituato a comprare la pizza e ti piace come la fanno, sei più motivato a continuare a prenderla da loro perché dopo un po' avrai anche la pizza in omaggio

I grandi supermercati utilizzano un sistema simile, ma superiore sotto vari aspetti. Ti danno una tessera magnetica dove, a ogni spesa che fai, a seconda di quanto spendi, ti accreditano dei punti. Poi, a seconda dei punti che accumuli, puoi prendere dei prodotti in omaggio o hai dei particolari sconti. La logica è questa: *più prodotti prendi → più ricevi punti → più puoi scegliere prodotti migliori.* Un sistema analogo viene utilizzato dalla maggior parte dei distributori di benzina, dove ogni volta che metti il carburante ti vengono accreditati dei punti. Poi con questi, puoi prendere dei prodotti che sono o fortemente scontati o in omaggio. Così, la maggior parte delle persone sono più **motivate** nel continuare a fare rifornimento sempre nello stesso posto, in quanto vogliono ottenere i punti necessari per il regalo che desiderano.

Questi sistemi che hai appena visto, si basano su una logica molto semplice. Ogni buon venditore dovrebbe concentrarsi su due punti focali:

- far comprare il cliente;
- far tornare il cliente (fidelizzarlo).

Naturalmente la tua reputazione conta moltissimo nel far tornare il cliente ma, per avere una spinta in più, *lo devi fidelizzare*. In poche parole, *gli devi dare una buona ragione per tornare ancora da te*. Come hai visto e puoi vedere tutti i giorni, alcune pizzerie utilizzano i timbri, molti supermercati e distributori di benzina i punti, che rappresentano il loro sistema per fidelizzare il cliente e motivarlo a tornare da loro. Le grandi catene di negozi hanno più o meno tutti, il loro sistema per fidelizzare il cliente, perché sanno che nel marketing motivare i clienti a tornare da loro è importantissimo.

Questo è ciò che fanno le grandi aziende. Invece, da quello che ho visto e ascoltato tutti i giorni, raramente le piccole e medie imprese utilizzano questi metodi (escluse le pizzerie di cui ti ho parlato, ovviamente).

Quindi, come puoi creare un sistema per fidelizzare i clienti che si adatti alla tua attività?

....

....

....

Come puoi fare in modo che i clienti siano più motivati a tornare da te?

....

....

....

Osserva attentamente tutti i grandi negozi, perché *hanno una notevole esperienza* e, di conseguenza, sono abili in questo campo. Se ci fai caso, utilizzano anche altri metodi, che permettono in minima parte anche di motivare a tornare il cliente, ma soprattutto, hanno lo scopo di vendere di più. Il sistema è quello dei pacchetti di prodotti. Uno molto utilizzato è il tre per due (3x2). Ovvero, prendi tre prodotti ma ne paghi due.

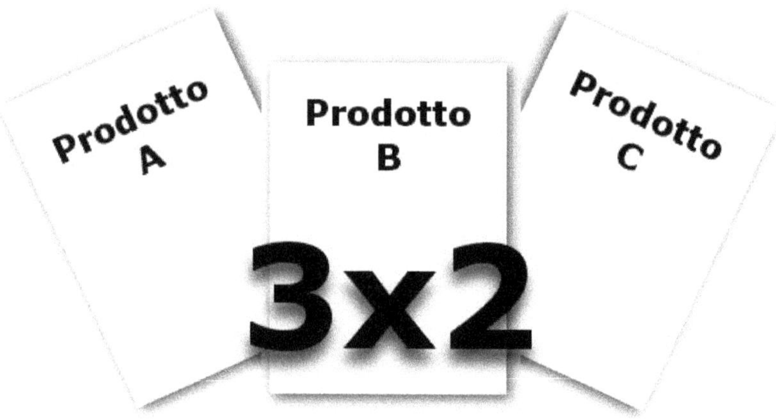

Un altro sistema molto utile che può essere utilizzato in vari settori, è quello di fare degli sconti se si prendono più prodotti. Ad esempio: se prendi due prodotti hai lo sconto del 20%. Questo incentiva il cliente, appunto, a prendere più di un prodotto.

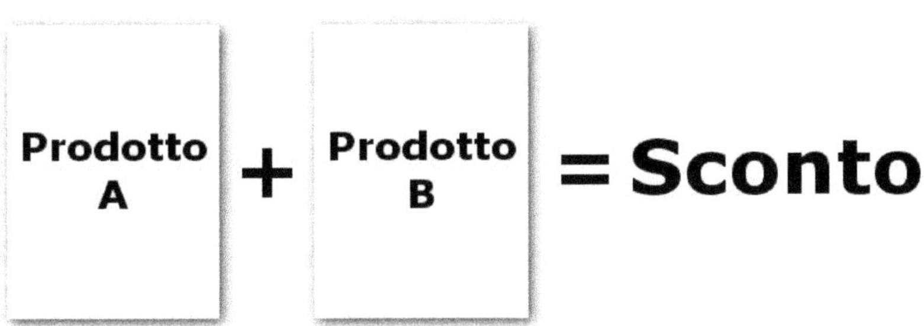

Quindi, come puoi applicare questi principi ai tuoi prodotti?

....

....

....

Come puoi creare dei pacchetti di prodotti molto efficaci?

....

....

....

Cosa fare: crea dei pacchetti di prodotti e il tuo sistema di fidelizzazione, allo scopo di incentivare i clienti *sia a comprare più prodotti, sia a tornare da te.*

Se osservi attentamente questi sistemi di vendita, vedrai che rispecchiano completamente la logica win-win, in quanto sia il cliente sia il negoziatore ottengono dei benefici.

SEGRETO n. 11: per migliorare il tuo business è importantissimo creare dei pacchetti con i tuoi prodotti e dei sistemi per fidelizzare i tuoi clienti, per fare in modo che siano più motivati sia a comprare sia a tornare da te.

Quando ti relazioni con una persona, oltre ad ascoltarla attentamente per capire i suoi bisogni, è altresì importante *riuscire a gestire ciò che dice*, quando è d'accordo con te ma, *soprattutto, quando è in disaccordo*. Perché una delle qualità che portano a un "livello superiore" le abilità di comunicazione di un venditore consiste nel saper gestire le critiche o i punti di vista negativi del cliente. Attenzione, però, perché saperle gestire non significa saper rispondere "a tono".

Quando qualcuno critica e l'altro risponde con un'altra critica, si genera un ciclo che porta a peggiorare sempre di più il rapporto. Inoltre si dà vita a discussioni sempre più accese, perché entrambe le parti vogliono aver ragione.

Saper gestire un'obiezione, invece, non significa contrastare il punto di vista del cliente, ma *fare in modo che la prospettiva con cui vede le cose cambi.* In questo modo le incomprensioni svaniscono.

Una metafora perfettamente calzante si può trovare nella filosofia di alcune arti marziali. Infatti si insegna che la forza dell'avversario *non deve essere contrastata*, ma deve piuttosto essere *condotta dove vogliamo noi.* Allo stesso modo, un'obiezione del cliente non va mai contrastata, altrimenti si corre il rischio, appunto, di rovinare il rapporto. Al contrario, invece, bisogna utilizzare l'obiezione stessa per far cambiare il punto di vista del cliente.

È per questo che mi piace il termine "condurre" un'obiezione, e imparare a farlo ti sarà davvero utile nel tuo percorso da venditore. Quindi, se un cliente ti dice «Secondo me questo prodotto è troppo costoso», non devi assolutamente dirgli «Lascia perdere, non capisci niente!» o cose del genere. Piuttosto *devi "condurre" la sua critica*, che ha un punto di vista negativo, verso una prospettiva positiva.

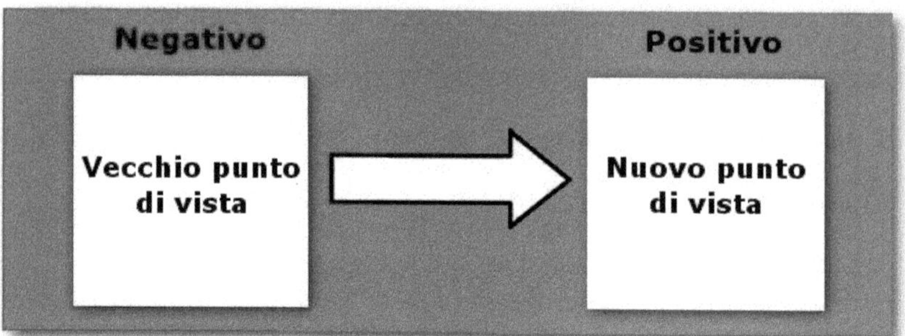

Quindi, se dice: «Secondo me questo prodotto è troppo costoso», le possibili risposte potrebbero essere:

- «È vero che costa, ma è anche vero che è un prodotto utilissimo!»
- «È vero che costa, ma ti durerà molto più a lungo di quelli che costano meno!»
- «Se hai bisogno di un prodotto che vale poco, puoi pagarlo poco, questo invece vale molto e di conseguenza costa».

In questo modo, sposti l'attenzione dal costo a quanto è utile, al fatto che durerà di più e, come nell'ultimo esempio, al fatto che vale molto. Un modo ancora migliore per "condurre" un'obiezione è quello di utilizzare le domande, perché queste aiutano a spostare l'attenzione.

Quindi, le risposte di prima diventeranno:

- «È vero che costa, ma quanto ti sarà utile?»
- «È vero che costa, ma quanto più a lungo durerà rispetto a quelli che costano meno?»
- «Sì, ma questo vale molto. Se paghi di più un prodotto c'è un motivo no?»

Puoi utilizzare questo metodo con tutte le critiche, addirittura puoi utilizzarlo discutendo di un cavatappi. Il cliente dice: «Questo cavatappi non serve a niente!» E tu puoi rispondergli: «Forse non ti serve adesso ma ti sarà utile quando vorrai bere una birra con i tuoi amici!»

Cosa fare: da oggi in poi gestisci le critiche in modo positivo. Per migliorare in quest'abilità, immagina tutte le possibili critiche che potrebbero farti i tuoi clienti e rispondi cambiando la prospettiva.

SEGRETO n. 12: saper gestire le obiezioni è fondamentale nella vendita: ricorda che le critiche non devono essere contrastate, altrimenti genereresti solo discussioni, ma devono piuttosto essere "condotte" verso un nuovo punto di vista.

Un altro punto focale in un rapporto tra venditore e cliente è l'abilità nel riuscire a capire cosa c'è dietro le parole dell'altra persona. Riuscire a soddisfare il cliente è una regola d'oro e, grazie a quest'abilità, potrai farlo ancora più facilmente.

Se hai applicato la regola che dice di ascoltare attentamente il cliente (descritta nel CAPITOLO 2:), avrai già visto e ascoltato come un cliente ti dica continuamente ciò che vuole: «Vorrei che fosse più *sicuro*»; «Vorrei qualcosa di più *economico*»; «Non hai qualcosa di più *facile da usare*?»; «Voglio qualcosa di *lussuoso*» e così via. L'altra persona non sta facendo altro che dirti ciò che per lei è importante in quel momento: *sicurezza*, *risparmio*, *facilità di utilizzo*, *lusso* ecc.

Ci sono però delle volte in cui *devi riuscire a "scavare" dietro ciò che ti dice*, ad esempio quando il cliente non è sicuro se fare o meno un acquisto, quando non sa esattamente ciò che vuole o non riesce a trovare il prodotto giusto, quando ciò che gli hai proposto non è adatto alle sue esigenze ma si vergogna a dirtelo ecc. Addirittura ci sono delle volte in cui non dice niente, ma si vede chiaramente dalla sua espressione che qualcosa non va.

Ecco un esempio: un commerciante entra in un locale per proporre un prodotto e, una volta che l'ha esposto, si sente rispondere: «Non lo so, non mi convince». Perché il potenziale acquirente non è convinto? Ci sono delle motivazioni dietro, e riuscire a scoprirle significa *capire il cliente* e proporgli il prodotto più adatto a lui.

Per scoprire ciò che c'è dietro le sue parole, ti basterà porre le giuste domande, senza però avere un atteggiamento troppo invasivo. È davvero semplice. Se ti dice che il prodotto non lo convince, ti basterà chiedere come mai: «Come mai non ti convince?» Lo stesso principio puoi applicarlo anche quando l'altra persona non ti dice niente, ma vedi chiaramente dall'espressione facciale che non sembra convinto. Ponigli anche qui la domanda: «C'è qualcosa che non ti convince?»

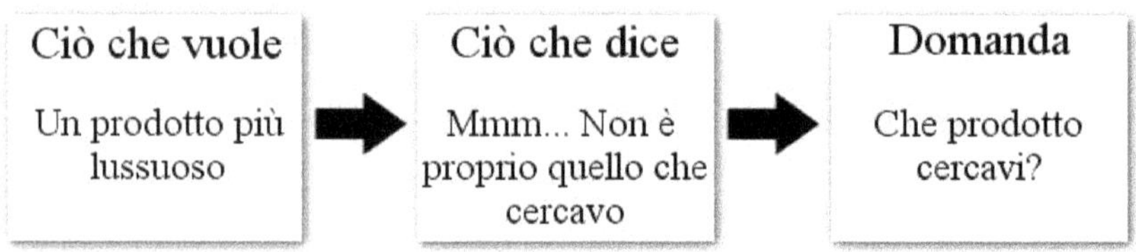

Esempio 1

VENDITORE: Questo prodotto è molto utile per fare X, ti piace?

CLIENTE: Hmm, non lo so, non mi convince.

Cosa fa la maggior parte dei venditori a questo punto? Inizia a mostrare al cliente tutti i prodotti che ha a disposizione, finché non riesce a trovare quello adatto al cliente, e non sempre lo trova. Al contrario, il negoziatore deve guardare oltre le parole, proprio come ti ho appena spiegato, quindi deve porre domande.

VENDITORE: Come mai non ti convince?

CLIENTE: Perché volevo qualcosa di più *sicuro*

In questo caso è stato facile, perché il cliente *ti ha risposto subito con la sua necessità*, ovvero che vorrebbe un prodotto più *sicuro*. Quindi non ti resta che seguire la sua esigenza, ovvero proporgli un altro prodotto, ma soprattutto sottolineare il fatto che questo è più *sicuro*. Ci sono però anche casi dove non basta una sola domanda per scoprire ciò che vuole l'altra persona, ma anche in questi è semplice, perché non devi fare altro che continuare a porre quesiti basati sulle sue risposte. Naturalmente, *cerca sempre di non sembrare invadente*, ma fai tutto con il sorriso.

Esempio 2

VENDITORE: Va bene allora questo prodotto?

CLIENTE: Hmm... Non mi convince.

V.: Come mai non ti convince?

C.: Perché non è come lo volevo.

V.: E come lo volevi?

C.: Non lo so, volevo qualcosa di più *economico* e più *adatto alle mie esigenze*.

V.: Quali sono le tue esigenze al riguardo?

C.: Hmm, dovrebbe fare questo, questo e quest'altro.

V.: Perfetto, ho ciò che fa al caso tuo. Questo prodotto è *economico* e *si adatta alle tue esigenze* in quanto fa proprio questo, questo e quest'altro.

C.: Sì, è proprio questo che volevo! Perfetto.

Quindi, prima ti ha detto che voleva qualcosa di più economico e adatto alle sue esigenze. Economico, va bene, ma quali sono le sue esigenze? Facile, basta chiederlo e l'altra persona ti risponderà. A questo punto non ti resta che proporgli quel prodotto e sottolineare le qualità che il cliente ricercava.

Esempio 3

VENDITORE: Ti piace quest'auto?

CLIENTE: Non proprio.

V.: Come mai?

C.: Perché non è quella che stavo cercando.

V.: Che auto stavi cercando?

C.: Cercavo un'auto *più spaziosa e di un altro colore.*

V.: Che colori ti piacciono?

C.: Blu scuro o nero.

V.: Bene, abbiamo quest'auto nera che è anche più spaziosa.

C.: Hmm... Neanche questa mi convince.

V.: Come mai?

C.: Vorrei qualcosa di più *economico.*

V.: Benissimo, c'è quest'altro modello che è *spazioso, di colore nero ed economico.*

C.: Sì, quest'auto mi piace! Fammi vedere tutti i modelli simili, così posso scegliere quello più adatto a me.

Infine, ti faccio un esempio in cui il cliente non ti dice niente ma si vede chiaramente che non è soddisfatto.

Esempio 4

VENDITORE: C'è qualcosa che non ti convince?

CLIENTE: No, no...

V.: Dai, non c'è nessun problema. Dimmi pure cos'è che non va bene.

C.: No, niente, ma non è proprio come lo volevo.

V.: Come lo vorresti, invece?

C.: Vorrei qualcosa *più bello* esteticamente

V.: Ho quest'altro prodotto che è molto *più bello*.

Quindi, *il venditore deve essere anche bravo a porre le giuste domande*, in modo da scoprire ciò di cui ha bisogno il potenziale acquirente. Saper utilizzare questo sistema ti aiuta anche a non perdere tempo. Perché se sai di non avere il prodotto che l'altra persona sta cercando, puoi dirglielo subito.

SEGRETO n. 13: quando un cliente è indeciso e non sa se o cosa acquistare, generalmente ti basterà porgli delle domande basate sulle sue affermazioni e, in poco tempo, riuscirai a capire ciò che desidera realmente.

Nella comunicazione con gli altri, c'è un altro strumento incredibilmente utile. Questo ti permette di entrare in sintonia con l'altra persona e di motivarla seguendo i suoi schemi di pensiero. Si tratta dei metamodelli, uno strumento della Programmazione Neuro Linguistica che *suggerisce come ragioniamo e come ci motiviamo* in un determinato momento. Ho detto appositamente "in un determinato momento" perché a volte il modo di pensare dipende dallo stato e dalle circostanze.

Utilizzare lo stesso metamodello del cliente, permette di entrare in sintonia con lui, perché le tue parole si basano sul suo modo di ragionare. Inconsciamente penserà: «Vede le cose come le vedo io», oppure «Parliamo lo stesso linguaggio», o ancora «Siamo sintonizzati sulla stessa frequenza». Per renderti il percorso più semplice, ne vedrai soltanto due tipi. Questi sono: l'*indice referenziale* e la *leva motivazionale*.

Il metaprogramma indice referenziale, ci suggerisce che una persona può ragionare ponendo *attenzione ai propri pensieri e giudizi (referenza interna) oppure a quelli degli altri (referenza esterna)*. «Ma come sei vestito oggi? Chissà cosa penserà la gente di te!» e «Penso che oggi sei vestito male», significano quasi la stessa cosa ma, mentre una frase si incentra sul pensiero degli altri, l'altra si focalizza sul pensiero personale.

Tra le due tipologie, cambia anche *l'importanza che danno alle opinioni e ai pensieri*. Chi ha un indice referenziale esterno, dà molta importanza ai pensieri degli altri e meno ai propri. Naturalmente, più è forte il riferimento esterno e più darà valore all'esterno a discapito di se stesso. Accade l'esatto opposto, invece, per chi ha un riferimento interno.

Ti faccio un esempio per farti capire meglio il concetto utilizzando due amiche (le chiameremo Laura e Adele) che vanno a fare shopping. Laura vede dei pantaloni interessanti e li prova. Si guarda allo specchio e poi chiede immediatamente il parere dell'amica. A questo punto, se Adele le risponderà che sono belli, allora li prenderà in considerazione, se invece si sentirà dire che sono brutti, allora inizieranno i dubbi e, quasi certamente, non li comprerà.

Questa è la classica dimostrazione del modo di ragionare di chi *tiene molto in considerazione il parere degli altri*. Al contrario, Adele ha un forte riferimento interno e, non appena trova una maglietta che le piace, la prova e vede come le sta. Molto probabilmente non chiederà neanche il parere della sua amica, oppure, se lo farà, non presterà molta attenzione al suo giudizio. *L'importante è che la maglietta piaccia a lei.*

Come riconoscere se in una persona il riferimento è interno o esterno? Puoi appunto dedurlo da *ciò che dice e da ciò su cui si focalizza*. Frasi del tipo: «Mi hanno detto che...», «Tutti mi dicono che...», «Tutti pensano che...», «Come dice sempre...», «È piaciuto a tutti», «Ho sentito che...», «Lo dicono un sacco di persone», «Non so se piacerà», «Chissà che penseranno», «Chissà che diranno», «Voglio vedere cosa ne penseranno i miei amici», «Ti prenderanno per...» in genere *indicano una referenza esterna*. Infatti, se ci fai caso, le opinioni si focalizzano sui pensieri e i giudizi degli altri.

Al contrario, quando ascolti idee e opinioni incentrate su come la pensa la persona che le esprime, in genere questo *indica una referenza interna.* Mi riferisco a frasi come: «Sono convinto che...», «Credo che...», «Ho deciso che...», o ancora «Io la penso così».

Un altro modo per capire l'indice referenziale è conosciuto da pochi. Deriva dalla fisiognomica (studio che associa il comportamento di una persona ai caratteri del volto) e funziona per la maggior parte dei casi. Labbra sono molto sottili in genere indicano un riferimento interno. Al contrario, labbra carnose indicano che il riferimento è esterno. Sembra una cosa banale, ma ho avuto modo di verificarne l'esattezza, anche se naturalmente, in tutti i casi, la prova del nove si fa ascoltando ciò che si dice.

L'altro metaprogramma è la leva motivazionale e indica se si è più motivati nel *raggiungere qualcosa* di positivo (verso) o nell'*evitare qualcosa* che non ci piace (via da). Puoi comprendere questo metaprogramma ascoltando l'altra persona. «Voglio comprare questa casa per ottenere un futuro più sicuro» è differente da «Voglio comprare questa casa per evitare un futuro insicuro». Il concetto è sempre lo stesso, ma la motivazione che c'è dietro è diversa. Poiché il primo è incentivato dall'*ottenere* qualcosa, mentre l'altro è più motivato ad *allontanarsi* da qualcosa. A meno che tu non abbia studiato PNL, è probabile che non te ne saresti neanche reso conto di questa piccola sottigliezza che, però, può fare la differenza.

Un esempio molto esplicativo è quello dei genitori che devono motivare un bambino che non ha voglia di studiare. Se la sua leva motivazionale è "verso", allora sarà più incentivato se ottiene qualcosa. Quindi i genitori potrebbero dirgli: «Se prendi un buon voto, allora ti compro...». La stessa frase, detta a un bambino con una leva motivazionale "via da", non avrebbe molto effetto, ma questi sarebbe motivato nel caso in cui gli venisse detto: «Se prendi meno di 8 al compito, ti metto in punizione».

Come riconoscere questo metaprogramma? Esattamente come nel caso precedente, puoi scoprirlo ascoltando il cliente. Per capirlo, invece, in modo immediato, poni una domanda (che si adatti alla conversazione) che riguarda la sua motivazione a fare qualcosa o nel decidere. Ad esempio: «A cosa ti serve questo prodotto?»

oppure «Come mai vuoi acquistarlo?» «Cosa ti spinge a...?» o ancora «Come mai...?» Ascolta bene e vedi se nella risposta il cliente parla di ottenere o di evitare qualcosa.

Come relazionarsi nella vendita con i due tipi di metaprogrammi:

- **Riferimento interno**. Evita di dare il tuo giudizio o quello degli altri, ma focalizzati piuttosto sul cliente. Fai domande del tipo: «Ti piace questo prodotto?» o «Come ti sembra?» e affermazioni come: «Solo tu puoi sapere ciò che è meglio per te», «La scelta migliore la sai», «Sicuramente sai ciò che è meglio per te».
- **Riferimento esterno**. Ama il parere degli altri, quindi dai il tuo giudizio basandoti sul prodotto che offri e su tutti coloro che lo hanno provato. Usa frasi generiche come: «Piace a moltissime persone», «È un prodotto che piace» o ancora «Tutti quelli che lo hanno provato ne sono rimasti entusiasti».
- **Verso**. Per motivarlo devi parlare in termini di vantaggi, quindi: «Grazie a questo prodotto *risparmierai*», «Questa poltrona ti permetterà di stare più *comodo*» oppure «Questa vacanza ti permetterà di sentirti più *rilassato*».
- **Via da**. Per motivarlo devi parlare in termini di ciò che eviterà

di negativo, quindi: «Grazie a questo prodotto eviterai di *sprecare*», «Questa poltrona ti eviterà di stare *scomodo*» o ancora «Questa vacanza ti permetterà di liberarti dallo *stress*».

SEGRETO n. 14: attraverso l'uso dei metamodelli, puoi comprendere meglio come ragiona l'altra persona e in questo modo ti sarà più facile motivare il cliente e "sintonizzarti sulla sua stessa frequenza".

L'ultimo consiglio che posso darti è quello di migliorare sempre. Anche se sei completamente soddisfatto del livello che hai raggiunto come venditore, poniti l'obiettivo di fare ancora meglio, perché nella vita *non si finisce mai di imparare*. Anche il venditore migliore del mondo può sempre far meglio, questo è il bello della vita.

Un negoziatore dovrebbe imparare dalla propria esperienza, ma non è scontato che ciò accada, anzi, spesso o non succede o si verifica molto lentamente. Questo perché ciò che si fa nella vendita è spesso frutto di abitudini. Proprio per questo spesso *si continuano a commettere gli stessi errori* e a utilizzare strategie poco efficaci. L'esercizio in cui simulavi la vendita con un'altra persona per poi rivederla in video è stato studiato proprio allo scopo di darti modo di vedere e correggere gli errori più evidenti che commetti.

Ma nella vita non puoi sempre registrarti o chiedere agli altri dove hai sbagliato, così ti sarà utile concentrarti sul **feedback**, ovvero *sui risultati che ottieni*. Quando focalizzi la tua attenzione sulle conseguenze delle tue azioni, inizi a comprendere se ciò che fai funziona o meno. Perché se i risultati sono ottimi, probabilmente *la strada che hai imboccato è quella giusta*. Se invece i risultati sono deludenti, allora stai proseguendo per la via errata.

Quindi, se utilizzi un metodo e vedi che non ottieni gli effetti che speravi, non esitare a cambiare. Agisci in modo differente finché non trovi un sistema che funzioni in modo eccellente. *Più farai questi test e più crescerà la tua esperienza*. Grazie a questo esercizio migliorerai alla velocità della luce.

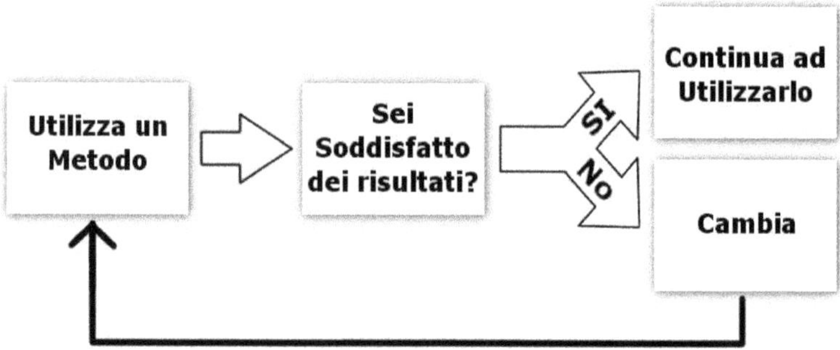

SEGRETO n. 15: attraverso l'uso del feedback puoi migliorare e ampliare la tua esperienza molto rapidamente, scoprendo e selezionando ciò che funziona da ciò che invece non produce risultati nella negoziazione.

RIEPILOGO DEL CAPITOLO 3:

- SEGRETO n. 11: per migliorare il tuo business è importantissimo creare dei pacchetti con i tuoi prodotti e dei sistemi per fidelizzare i tuoi clienti, per fare in modo che siano più motivati sia a comprare sia a tornare da te.
- SEGRETO n. 12: saper gestire le obiezioni è fondamentale nella vendita: ricorda che le critiche non devono essere contrastate, altrimenti genereresti solo discussioni, ma devono piuttosto essere "condotte" verso un nuovo punto di vista.
- SEGRETO n. 13: quando un cliente è indeciso e non sa se o cosa acquistare, generalmente ti basterà porgli delle domande basate sulle sue affermazioni e, in poco tempo, riuscirai a capire ciò che desidera realmente.
- SEGRETO n. 14: attraverso l'uso dei metamodelli, puoi comprendere meglio come ragiona l'altra persona e in questo modo ti sarà più facile motivare il cliente e "sintonizzarti sulla sua stessa frequenza".
- SEGRETO n. 15: attraverso l'uso del feedback puoi migliorare e ampliare la tua esperienza molto rapidamente, scoprendo e selezionando ciò che funziona da ciò che invece non produce risultati nella negoziazione.

Conclusione

Il nostro viaggio insieme è concluso, ora tocca a te proseguire da solo mettendoci **costanza** e **determinazione**. In questo corso hai potuto vedere degli strumenti molto efficaci, ora sta a te *applicarli nella tua vita.* Ti garantisco che sono strategie molto efficaci che ti permetteranno di fare il fatidico *salto di qualità.*

Lavora sui quattro punti APRI (Atteggiamento, Presentazione, Reputazione, Internet) per migliorare le tue abilità di venditore, poi prosegui con i principi del rapporto win-win, e concludi raggiungendo un livello superiore come venditore grazie agli strumenti dell'ultimo capitolo. Anche quando crederai di non riuscire, non scoraggiarti, ma continua a dare sempre il meglio di te. Concediti una sola possibilità: quella di avere **successo**.

Ti auguro di ottenere il meglio dalla vita.

Oriana Simonetti

www.ingramcontent.com/pod-product-compliance
Ingram Content Group UK Ltd.
Pitfield, Milton Keynes, MK11 3LW, UK
UKHW022012190726
13853UKWH00004B/1895

9 788861 745049